Cosme Saúl Sánchez Manríquez

Desahogo del Alma

Cosme Saúl Sánchez Manríquez

Copyright © 2023 Cosme Saúl Sánchez Manríquez, Todos los derechos reservados.

Ninguna parte de esta publicación podrá ser reproducida, almacenada en un sistema de recuperación o transmitido de ninguna manera ni por cualquier medio, ya sea electrónico, mecánico, mediante fotocopias o grabaciones, sin permiso previo de Hola Publishing Internacional.

Los puntos de vista y opiniones expresados en este libro pertenecen al autor y no reflejan necesariamente las políticas o la posición de Hola Publishing Internacional. Cualquier contenido proporcionado por nuestros autores es de su opinión y no tiene la intención de difamar a ninguna religión, grupo étnico, club, organización, empresa, individuo o persona.

Para solicitudes de permisos se debe escribir a la editorial, dirigido a "Atención: coordinador de permisos", a la siguiente dirección.

Hola Publishing Internacional
Eugenio Sue 79, int. 4, 11550
Ciudad de México

Primera edición, Enero 2023
Impreso en los Estados Unidos de América
ISBN: 978-1-63765-342-5
LCCN: 2022922291

La información contenida en este libro es estrictamente para propósitos informativos. A menos que se indique otra situación, todos los nombres, personajes, negocios, lugares, eventos e incidentes en este libro son producto de la imaginación del autor o usados de manera ficticia. Cualquier parecido con personas reales, vivas o muertas, o eventos actuales, es pura coincidencia.

Hola Publishing Internacional es una empresa de autopublicación que publica ficción y no ficción para adultos, literatura infantil, autoayuda, espiritual y libros religiosos. Continuamente nos esmeramos para ayudar a que los autores alcancen sus metas de publicación y proveer muchos servicios distintos que los ayuden a lograrlo. No publicamos libros que sean considerados política, religiosa o socialmente irrespetuosos, o libros que sean sexualmente provocativos, incluyendo erótica. Hola se reserva el derecho de rechazar la publicación de cualquier manuscrito si se considera que no se alinea con nuestros principios. ¿Tiene una idea para un libro que quisiera que consideremos para publicación? Por favor visite www.holapublishing.com para más información.

Índice

No estaré	11
Triste adiós	13
Tu fortuna	14
¡Levántate!	15
Mi reflejo	16
Cuando yo era pequeño	18
Pensar	20
Qué felicidad	22
¿Dónde estás?	24
El hombre que era invisible	25
Los obstáculos	27
Vida	28
Como viento	29
2020, renuncia	30
Desamor	31
Así quiero ser yo	33
Amor virtual	34
Madre	36

El miedo	39
Pedir perdón	41
La depresión	43
A mi madre	46
Encuentro	48
Encontré amor	49
Adiós, abuelita	52
Virtual realidad	54
Ojos bellos	56
La cicatriz	59
Una estrella	61
El plebeyo	62
Reflexiona	65
Alcanzar el cielo	66
Mujer	68
Cometer errores	69

No estaré

El día del padre te esperé,
como tonto te esperé.
Ojalá tú no me esperes,
porque yo ya no estaré
esperando esa llamada
que me diga que estás bien.
Sé que un día no estaré y llamarás,
padre, no sé a quién.
La distancia terrestre no es el problema,
la distancia del alma es la que nos quema.
Me mantienen vivo los recuerdos de tu niñez,
cuando yo era tu héroe;
me abandonaste en mi vejez,
cuando en tu infancia me querías
y feliz lo demostrabas.
Y ahora me abandonas
como basura que estorbaba.
No te lo reclamo,
a tu edad, tú sabes lo que haces.
Y esto yo me lo guardo,
solamente escribo mis frases.
Un día me dijiste que los hombres
tienen sentimientos.

Quisiera que me conocieras
para que supieras lo que siento
y no te preocupes todo el tiempo será como fue,
sólo que, cuando me busques, yo ya no estaré.

Triste adiós

Un triste despertar,
un laberinto sin salida,
una puerta sin abrir,
un adiós sin despedida.

Un dolor sin compasión,
una horrible pesadilla,
un buscar sin encontrar,
un pensar que ya no hay vida.

Sólo en Dios hay un consuelo,
sólo en Dios encuentro paz,
sólo en Dios vuelvo a mirarte
al saber que ya no estás.

Tu fortuna

Siempre se ha dicho que al final del arcoíris hay un tesoro. ¿Has llegado allí sólo para darte cuenta de que el tesoro no se encuentra allí? Los tesoros se encuentran en los lugares que menos esperas.

Puedes darle vuelta al mundo porque tu zodiaco o tus sueños dicen que tu fortuna se encuentra en el otro hemisferio, sólo para encontrar la pista que te lleva al lugar de donde partiste.

A veces el tesoro está a tu lado; desafortunadamente, no miraste el arcoíris.

¡Levántate!

¿Y tú qué haces allí sentada sintiendo lástima por ti misma?¡Levántate! Date cuenta de que a nadie le importan tus penas. Mira a tu alrededor, a tu familia, a tus amigos, incluso a los qué te hicieron daño, felices y sonriendo... Sin embargo, tú, tú que siempre has vivido para los demás, que siempre has dedicado tu esfuerzo para que los demás se sientan bien... aquí estás hecha un guiñapo humano. ¡Levántate! ¿Qué han hecho de aquella mujer tan erguida y orgullosa a la que nada tumbaba? Tal parece que a la distancia aún controlan tu destino... ¡Levántate! ¡El control de tu vida lo tienes tú y nadie más! El día de ayer lo has dicho, mujer, ¡la gente que te rodea te motiva! Entonces, ¿qué esperas? ¡Levántate! ¡Sacúdete la tierra y úsala para escalar! ¡Vuelve a la realidad! ¡No vuelvas a ser quien antes eras, sé más fuerte! ¡Recuerda que lo que no te tumba, te fortalece! Y cuando tocas fondo sólo hay una dirección: ¡hacia arriba! ¡Así que levántate!

Mi reflejo

Hoy me miré al espejo y creo que me sorprendí. En él no vi mi reflejo, en él te miré a ti. En este viejo canoso y calvo yo sólo tu imagen miré. Y por más que limpiaba el espejo, borrarla yo no logré. ¿Por qué apareciste allí?, me pregunté al mirar, si de tu vida me sacaste y tú no me quieres ni hablar. De tanto hacer la pregunta una voz me habló al oído; era Dios, que me escuchó y me contestó: "Hijo mío… Esa imagen que ves, y que es como ahora estás, será la imagen de tu hijo, que así se llegará a mirar. Lo que haces en esta vida de algún modo pagarás; lo bueno y lo malo que hagas múltiple regresará. Estás a tiempo aún de a tu vida darle un giro y hacer las cosas bien mientras estés aún vivo. No eches a la basura de alguien un buen consejo, que así es como aprenderás, si quieres llegar a viejo".

Cuando yo era pequeño

Cuando era yo pequeño,
lo que quería era crecer,
y como esos adultos sabios
así me quería yo ver.

Con los años fui creciendo
y mi fe se llegó a disipar
en todos esos adultos
que un día llegara a admirar.

En ellos conocí la mentira,
en ellos encontré decepción;
por ellos conocí el odio
y con ellos miré la traición.

Ahora te pregunto a ti,
a ti que me estás leyendo,
¿qué cambios piensas hacer
para que no siga sucediendo?

Dicen que al llegar a viejo
te invade la necedad,
pero sé que puedes cambiar,
si aún puedes razonar.

Ese niño que hay en mí
hasta hoy se ha preguntado
qué pasó con esos adultos
a los que tanto he admirado.

Sólo le pido a Dios,
si algún día me deja llegar,
que me dé sabiduría
para aprender a razonar

y hacer en vida esos cambios
que de otros quise mirar:
el saber decirle un te amo
a un hijo, sin importar

su edad ni su tamaño,
educación o estatus social;
el no criticar a tu prójimo
frente a él o por detrás;

el dar la cara a errores,
sin importar qué dirán.
Dios te bendiga, si quieres
cambios en tu vida dar,

y también si no cambias,
que en tu conciencia estará.
Yo lo seguiré intentando,
aunque sé que no soy perfecto,
pero Dios me dará paciencia
para seguir con mi reto.

Pensar

Pensar que te encontré,
pensar que eres reflejo,
pensar que no eres mía,
pensar que estás tan lejos.

Pensar en esa imagen,
pensar en ti de plano,
pensar que eras mi amiga,
pensar que ya te amo.

Pensar que no te tengo,
pensar en querer verte,
pensar que un día me dejes,
pensar yo en mi suerte.

Pensar que tú me amas,
pensar yo en tus abrazos,
pensar en esos labios,
pensarte entre mis brazos.

Pensar tú y yo desnudos,
pensar que seas mía,
pensar cuánto disfrutas,
pensarte es alegría.

Pensar, pensar, pensar,
pensarlo todo el día;
pensar en esa dama,
que ella es la vida mía.

Qué felicidad

Qué felicidad tenerlo todo y no necesitar nada. Qué felicidad lograr lo que quieres sin necesitar a nadie. Qué felicidad hacer todo lo que quieres sin tener que rendir cuentas a nadie. Qué felicidad ser como quieras ser y, si te cuestionan, decirles que no les importa. Suena a una historia de fantasía, casi perfecta, pero he estado en una posición donde no tenía nada y necesité de alguien para salir adelante. Cuando quería realizarme como persona, siempre había alguien que me respaldara.

Pensé en hacer todo lo que se me pegara la gana, sin embargo, aprendí que, a donde quiera que vaya, existen reglas. Jamás dejo que la arrogancia y la prepotencia me cambien y hagan de mí una persona sin escrúpulos. Mantén la humildad, siempre necesitamos de alguien en la vida, y de paso no te olvides de aquellos que te levantaron cuando estabas caído ni de aquellos que te miraron en el suelo y allí te dejaron, y también te pisaron para que no te levantaras.

La felicidad no llega cuando obtienes cosas de la manera más fácil, sino cuando te cuesta trabajo obtenerlas siguiendo las reglas y respetando a quien te rodea.

¿Dónde estás?

¿Dónde estás que no te miro? Mi mirada está fija en el horizonte y no apareces. Miro mi teléfono, espero que suene y no lo hace. Mis ojos derraman lágrimas de recuerdos, pensando si me llamarás... y no lo haces. Sé que no fui lo mejor de tu vida, no soy perfecto, pero te amo. Me duele tu ausencia, me duele tu distancia; sin ti no vivo, sólo sobrevivo. Sé que algún día me entenderás, sé que algún día madurarás y sabrás mis motivos.

Quizá fui duro, pero hay una cosa más dura que yo, se llama vida. Algún día sabrás por qué quería que aprendieras.

¿Dónde estás? No lo sé, mis pensamientos divagan pensando en ti. ¿Sí estás vivo? Sé que lo estás, pero no tengo la seguridad.

Sabes, tarde entiendo. Pienso en enmendar los errores, estar cerca de quienes amo y comprenderlos, sin embargo, a ti te falta la experiencia, la madurez.

A veces creo que piensas que siempre estaré allí, pero quizá mañana ya sea demasiado tarde.

¿Dónde estás? No lo sé...

El hombre que era invisible

Él existía. Vivía, mas no estaba allí. Lo rodeaba la muchedumbre, sin embargo, no estaba allí. Estaba lleno de todo pero vacío del alma. Él sabía quién estaba, pero quien estaba no lo hacía allí. Su visibilidad era obvia, era materia que ocupaba espacio, aun así, algo lo hacía invisible; era como existir sin existir.

Ese vacío, aunque estaba rodeado de personas alegres, felices, animadas, no lo llenaba nada… Parecía como aquella prenda que está rota y que, aunque le pongas un parche para cubrirla ante el mundo, sabes que sigue rota.

¿Cuánto sufrimiento cargaba que era capaz de esconderse ante los ojos del mundo aun estando frente a todos? ¿Cuál era la razón para que su alma contuviera un vacío el cual nada llenaba?

Aun con una sonrisa en sus labios, sus ojos de cuando en cuando derramaban lágrimas cristalinas e invisibles, como él. ¿Cuántas veces quisiéramos conocer la fórmula para ser invisibles? Pero él sin buscarla la había encontrado.

Él existía sin existir,
él vivía sin vivir,
él… era invisible.

Cosme Saúl Sánchez Manríquez

Los obstáculos

Los obstáculos de la vida son la fortaleza de la mente, son la nutrición del cuerpo, pues sin retos no hay nada que vencer y sin retos no hay meta.

Cuando no se tiene meta en la vida, se camina sin rumbo por un laberinto sin salida, sin deseos de salir, sin deseos de llegar, de hacer, de luchar.

¿Llegar?, ¿a dónde? ¿Hacer qué? ¿Luchar por qué? A ningún lado, hacer nada y luchar por nada.

Por eso no reniegues de los obstáculos, ¡véncelos! No seas conformista, mediocre. ¡Fortalece tu mente! ¡Nutre tu cuerpo! ¡Lucha por alcanzar tu meta! ¡No entres al laberinto, no te hundas en las sombras! Al alcanzar tu meta sabrás que valió la pena y que tus esfuerzos jamás quedaron en vano.

Vida

Vida, un día llegaste
sin ninguna explicación
y me diste varios golpes
que convertiste en lección.

No traías un manual,
sin instrucciones venías.
Y así, a través de los años,
me levantaba cuando caía.

Vida, ¿por qué no dijiste
que me avenía el sufrimiento?
Vida, dime qué necesito
para sentirme contento.

Vida, sé que no sólo soy
el que a ti te cuestiona,
pero me lleno de miedo
cuando siento que me abandonas.

Y cuando más creí
el haber aprendido tu juego,
traje al mundo otras vidas…
y a comenzar de nuevo.

Como viento

¿Quién fuera como el gran viento?
Un soplo de aire acaricia tu cuerpo.
Iniciar la noche como el Sol;
Él le da a Luna resplandor.
Romper las reglas del humano;
Oprimir tu cuerpo entre mis manos;

Tomar tu cuerpo desnudo
Unirlo al mío cual uno;

Amarte como no puedo más,
Mi pequeña flor de cristal.
Oh, mi bella niña adorada,
Recuerda que tú eres mi amada.

2020, renuncia

Hoy renuncio a ti
y a lo que trajiste contigo,
a lo bueno y a lo malo,
por nuestros seres queridos:

el canto de las aves,
el volar de las mariposas,
el respirar aire puro,
entre muchas otras cosas.

Pensamos en sólo lo malo
que nos llegaste a traer,
una pandemia maldita
que no nos dejó caer.

Mas sucedieron cosas bellas
y cosas maravillosas;
brillaron más las estrellas,
entre muchas otras cosas.

Así que renuncio a ti
por este año que llegó.
Y a ustedes, mis amigos,
les deseo lo mejor.

Desamor

La vida es de gozar,
La vida es de sufrir.
Oprimido corazón,
Roto por un amor
O muerto de pasión.

Partido en pedazos
O quizás sólo en dos.
Razón sólo es amor.

Te extraño también.
Intento vivir sin tu amor.

Así quiero ser yo

Como ese soplo de viento que hace que tu hermoso cabello caiga como manantial sobre tu lindo rostro... así quiero ser yo.

Como ese murmullo de brisa que te platica suavemente al oído y hace que se te erice la piel... así quiero ser yo.

Como ese Sol ardiente que quema esa bella espalda tan suave como el terciopelo... así quiero ser yo.

Como ese fresco chorro de agua que recorre escurridizo cada rincón de tu cuerpo bello... así quiero ser yo.

Como ese loco pensamiento que te hace vibrar cada que cierras tus ojos y dejas tu mente divagar... así quiero ser yo.

Como ese ser humano que tienes a tu lado, en este momento abrazado y que es afortunado... así quiero ser yo... así quiero ser yo, ese soy yo.

Amor virtual

Navegaba por el infinito.
De ti no tenía ni pista,
sin embargo, al encontrarte
no te perderé de vista.

Aún eres un misterio,
de eso ni duda cabe.
Aunque no eres de
carne y hueso,
todo de ti me sabe.

La distancia no me importa
ni la diferencia de edad,
lo único que me interesa
es tu amor y tu amistad.

Me conquistó tu comentario.
Me conquistó tu inteligencia.
Me conquistó tu madurez.
Me conquistó tu persistencia.

No le temas, vida mía,
a vivir la vida loca,
sólo déjale fluir
y también lo que provoca.

Madre

Mujer,
Amor,
Dedicación,
Responsabilidad,
Empeño.

Esa es una madre, una mujer en la casa que cocina, que lava, que plancha, que limpia, que te atiende, que te cuida cuando estás enfermo, que te mima… ¡siempre está allí!

Es un amor con sus hijos. Es verdad que a veces grita y se enoja, pero al final de todo es un amor con sus hijos.

Cuando te caías allí estaba tu madre.
Cuando llorabas allí estaba tu madre.
Cuando te pegaba tu papá
allí estaba tu madre.
Cuando querías biberón allí estaba tu madre.
Cuando te ensuciabas allí estaba tu madre.
Cuando tenías sueño allí estaba tu madre.
Cuando te enfermabas allí estaba tu madre.
Cuando estabas triste allí estaba tu madre.
Cuando estabas feliz allí estaba tu madre.
Cuando sacabas malas calificaciones
allí estaba tu madre.

En tus triunfos allí estaba tu madre.
En tus fracasos allí estaba tu madre.
Cuando tus amigos te dieron la espalda
allí estaba tu madre.
Cuando te casaste allí estuvo tu madre.
Cuando nacieron tus hijos
allí estuvo tu madre.
Cuando tuviste problemas con tu pareja
allí estuvo tu madre.
Cuando te metiste en problemas como
adulto allí estaba tu madre.
Cuando necesitaste dinero
allí estuvo tu madre.

¿Te das cuenta? ¡Tu madre siempre está allí para ti! ¿Y dónde estás tú ahora que tu madre te necesita? ¿Acaso tienes tiempo para ella? No creo, es más importante atender tu trabajo, atender a tu marido, complacer a tu esposa… Es una lástima que a veces estando tan cerca no te des el tiempo de tan siquiera visitarla.

¿Sabes si come? ¿Sabes si viste, si calza? ¿Sabes si está enferma? ¿Cuánto le queda de vida? ¿Cuánto te queda de vida a ti? Si se muere mañana tu madre, ¿tienes la consciencia tranquila? ¿Sabes algo? ¡Das por hecho que allí está y que allí va a estar siempre! ¡Qué mal estás!

Síguele dando importancia a "tus cosas", al fin que algún día tendrás que rendir cuentas.

Sólo te dejo con esto: pregúntale a alguien que no tiene a su madre cómo se siente...

¡Yo todos los días le digo a mi madre que la amo! ¿Y tú cada cuándo le dices a tu madre que la amas? ¿Para qué?, ¿verdad? Al fin que ya lo sabe...

El miedo

¿Alguna vez has sentido miedo? ¿Qué es el miedo? ¿Qué es el temor? Lo cierto es que este sentimiento ha pasado alguna vez por nuestra mente. El miedo es ese sentimiento de pavor a lo desconocido, ¿pero qué hay más allá del miedo?

Por años, gracias a personas que encontré en el transcurso de mi vida, yo temía a la muerte. ¿Pero qué hay más allá de la muerte? No lo sabemos.

¿Por qué le tienes miedo a lo que desconoces? ¡Si nunca lo has intentado! Y aun así he, a lo largo de mi carrera, llegado a sentir temor. Hoy sentí temor por un gran paso que di: cambié el rumbo de mi carrera por algo completamente distinto, y, aun con mi miedo, el resultado ha sido todo un éxito, gracias a Dios.

¡El miedo es como ese alimento que te niegas a probar porque "no te gusta"! ¿Cómo no te va a gustar si nunca lo has probado?

Es natural sentir miedo, pero es más triste no intentar lo que querías porque ese miedo lo impidió. Cambia tus temores por riesgos; si no tomas riesgos, no pierdes nada, sin embargo, ¡no ganas nada tampoco!

Cosme Saúl Sánchez Manríquez

El vencer ese temor te ayuda a prepararte para mejorar. Usa ese coraje, ese deseo de salir adelante, para abrirte camino y vencer tus temores. Verás que, si lo intentas, probarás el sabor de la satisfacción y no te quedarás frustrado pensando en él hubiese.

Pedir perdón

Hoy vengo a declarar
que soy un ser imperfecto,
que tengo pocas virtudes
y que tengo muchos defectos.

Mas una cosa te pido,
y te lo pido de corazón,
que, si en algo te he ofendido,
me perdones, por favor.

Dios me puso en esta Tierra
para dar mis enseñanzas,
pero te pido perdón
si defraudé tu confianza.

Yo sólo quiero brindarte
felicidad y amor.
Y si un día llego a fallarte,
me lo dices, por favor.

Yo sé que tú pensarás:
¿a quién le estará escribiendo?
Este mensaje es para ti,
para ti que lo estás leyendo.

De parte de Cosme Saúl,
te deseo la mejor de las suertes.
Que vivas con mucho amor
y Dios te bendiga siempre.

La depresión

Hola, ¿cómo estás? ¡Soy tu nueva compañera y vengo a vivir contigo! Vengo a matar a tu compañera de vida, que es la Alegría, y a tomar su lugar.

Me llamo Depresión y te traeré cosas diferentes a tu vida; conmigo vienen Sufrimiento, Tristeza, Angustia, Ansiedad, Dolor, Lágrimas y Ganas de Morir. Me supongo que ya las conoces a todas porque de vez en cuando han venido a visitarte, sin embargo, Alegría siempre las corre.

Hoy nos hemos unido todas, y como sospechamos que Alegría está débil la echaremos de aquí. De hoy en adelante seremos tus nuevas compañeras de Vida, y hasta le vamos a cambiar de apellido a Vida Feliz, ahora se llamará Vida Miserable y con la ayuda de todas nosotras hará honor a su apellido.

En las mañanas, cuando mires brillar el Sol, lo que verás es obscuridad. Cuando pienses en flores serán flores marchitas. En vez de pensar en felicidad pensarás en muerte, y no sólo pensarás en tu infelicidad, sino que también te encargarás de compartirnos con los demás.

¿Y Alegría? Entre todas nos haremos cargo de ella y nos aseguraremos de que muera. Quizá sólo te quede una máscara de Alegría, que se llama Sonrisa, pero como es máscara todos sabrán que es falsa...

Alegría... ¿quién la necesita?, ¿verdad? Seremos muy miserables todos hasta la muerte. Piénsalo... ¿De verdad quieres que vivamos juntos?

Cosme Saúl Sánchez Manríquez

A mi madre

Mi linda madrecita adorada,
por ti corre sangre en mis venas.
Por ti y por Dios tengo vida,
por eso te dedico mi poema.

Siempre linda compañera,
y yo he sido tu confidente.
Como puedes aún me mimas,
y eso te hace diferente.

El amor me lo demuestras;
eres linda y cariñosa.
Cuando miro a otras madres
miro en ti a la más hermosa.

Muchas carencias vivimos
al principio tú y yo,
regaños y maltratadas
por mi culpa, sabe Dios.

Pero luchaste por mí,
no te diste por vencida,
aunque no había un papá.
Por mí, tú exponías tu vida.

No quiero imaginar perderte.
En vida te digo todo.
Perdóname cuando te ofenda.
Sí, tú eres mi mayor tesoro.

Sé que todos tenemos madre,
y algunos tienen muy poca,
pero créeme que yo valoro
el pedazo que me toca.

Ya en serio, madre, te digo,
con respeto y amor profundo,
no eres la única madre,
pero sí la mejor del mundo.

Encuentro

Escondida en un poema te encontré.
Así como tú eres te soñé.
De tu linda sencillez yo me embriagué
y sin conocer tu rostro me enamoré.

Tú pertenecías a otro y no a mí,
por eso jamás te dije lo que sentí.
Que algún día iría a verte te prometí,
pero sólo con escucharte me hacías feliz.

Al mirar tus bellos ojos me impactaron.
Tus ojos y mis ojos se encontraron,
se dijeron mil palabras y no hablaron,
y los dos corazones se enamoraron.

Desde ese día has sido dicha mía
y los peores golpes también me has dado,
pero no puedo reprocharte, vida mía,
si de ti mi corazón se ha enamorado.

Encontré amor

El día que te conocí,
Lo bello sucedió.

Algo hermoso nos pasó.
Mi mirada con la tuya cruzó,
Obedecía a mi corazón;
Razón no encuentro yo.

Estaba triste sin ti.
No sabía ni por qué,
Como si te hubiese conocido,
O siempre estabas allí.
Nunca me imaginé que
Tocaras mi corazón,
Recibir felicidad.
Eres por siempre mi amor.

A veces siento pavor.

Terminar sólo sin ti…
Un instante sin vivir.

Lo pienso y lo olvido.
A veces siento el latido
De tu corazón tan mío,
O de tu pecho, suspiros

Tan enamorado de ti;
Espero que tú de mí.

Amar es una virtud,
Mas no cualquiera puede
Opinar sobre lo que sucede.

Cosme Saúl Sánchez Manríquez 51

Adiós, abuelita

Hoy la tristeza nos embarga
porque se fue nuestra alegría,
y al cielo llegó otro ángel
a hacerle a Dios compañía.

Se fue mi abuelita Lupe,
hermosa matriarca nuestra.
Aunque estás en mejor lugar,
cuánto trabajo nos cuesta.

Mujer fuerte y orgullosa,
a tus hijos sola criaste;
con duro trabajo y esfuerzo,
adelante los sacaste.

Madre, abuela, bisabuela
y tatarabuela de corazón.
Todos vamos a extrañar
los piquetes de bendición.

Siempre que yo te llamaba
me tratabas con cariño.
Y, aunque sólo era tu nieto,
me decías que era tu niño.

Nos regalaste consejos
hasta el último momento
y nos hacías reír
para mirarnos contentos.

Tus hijos que aquí dejaste
en la Tierra te extrañan.
Y tu hija allá en el cielo
con nuestro Dios te acompaña.

Hijos, nietos y bisnietos,
tataranietos hermanos y primos,
nueras, yernos y amigos…
todos sentimos tu cariño.

En nuestro corazón estarán
tus regaños y tus gritos,
tus caricias y tus besos,
los recuerdos desde niño.

Tus oraciones por todos,
tus huevos y nopalitos,
tu salsita de tomatillo
y también tu panecito,
pero más extrañaremos
tu bendición y tus besitos.

Que en paz descanse, abuelita,
a Dios pido de corazón.
Y desde allá, desde el cielo,
mándanos tu bendición.

Cosme Saúl Sánchez Manríquez

Virtual realidad

Chica volátil le nombro
porque suele desaparecer,
pero hoy será el día
en que la lograré ver
y que esa imagen fugaz
se convierta en bella mujer.

Eres importante en mi vida.
Sin verte me enamoré.
Y aunque tú no me lo creas,
también nervioso estaré,
porque después de los años
esta vez por fin te veré.

Tu belleza desconozco,
sólo tu imagen vi
y escuché tu voz
desde que te conocí.
Con la esperanza de verte
y de conocerte viví.

Hoy que te he conocido,
dejarte ir no quería.
Sentía que al dejarte ir
el alma se me partía,
pero el consuelo me queda,
el saber que sí me querías.

Tú me dirás que no.
Tus ojos te delataron,
me dijeron muchas cosas
que tus labios no contaron;
esos ojos tan hermosos
que a mí me enamoraron.

Ojos bellos

Ojos bellos encontrados
me llegaron a perder.
Ojos bellos, a tu lado
encontré a esa mujer.

Ojos bellos, ¿qué te digo
si te digo la verdad?
Ojos bellos, contigo
encontré felicidad.

Ojos bellos enigmáticos,
tú embelesas mi sentir.
Ojos bellos, cuando hablas,
tú me haces sonreír.

Ojos bellos y hermosos,
sé que eres sin igual.
Ojos bellos, ¿qué me dice
tu mirada angelical?

Ojos bellos; encontrarlos
es la más linda experiencia.
Y antes de yo conocerlos
yo vivía con carencias.

Ojos bellos, bellos, bellos,
desde qué te conocí,
supe que eras esos ojos
que quería para mí.

Ojos bellos, ¿qué te cuento?
Estoy lleno de alegría
¡No sabes qué hermoso siento
al saber que ya eres mía!

La cicatriz

No sé lo que has vivido en el pasado ni me lo quiero imaginar. Sin embargo, eso que escondes en lo más profundo de tu ser ha sabido dejar su huella y marcarte de por vida.

Esa hermosa vida que Dios nos dio para cuidarla y para ser felices, por desgracia, cuando somos pequeños, necesitamos que las personas en las cuales confiamos nos ayuden a cuidarla, y esas mismas personas se encargan de hacernos daño.

Ese daño se convierte en una huella imborrable que queda marcada como una cicatriz, la cual, cada vez que la miramos, nos recuerda esa herida que tanto nos dolió. Y para colmo de todo vamos creciendo y esa herida sólo forma una cicatriz superficial; por dentro, esa herida nos sigue haciendo daño y causándonos dolor. Para hacer las cosas más difíciles, con los años tratamos tanto de olvidar lo que nos causó daño que lo cubrimos para olvidar. Ese dolor es como una mala hierba: la cortas, pero la raíz sigue allí y retoña para causar su daño.

Busca en el fondo de tu alma y encuentra la raíz de esa herida y comienza a curarla de adentro hacia afuera y sanarás totalmente. No digo que sea algo fácil, pero sé que no es imposible, y la única razón por la cual nadie ha podido encontrar esa herida es porque tú la has cubierto. Abre tu corazón a alguien en quien confíes, saca lo podrido que te está causando tanto daño y sanarás.

Una estrella

Encontré una estrella fugaz
navegando el infinito.
De enamorarme fue capaz
sin siquiera haberla visto.

Y, después de no tenerla,
hoy me quiere abandonar.
Qué dura y cruel es la vida
cuando te llegas a enamorar.

Vida mía, tú eres la estrella
que ilumina mi vivir.
Si te vas de mí, princesa,
dejaría de existir.

El plebeyo

Érase un humilde plebeyo
que a la reina amor imploraba.
Él su corazón le entregó
y ella migajas le daba.
Era tan grande su amor por ella
que las migajas valoraba.

Él recorría el mundo
para tenerla en sus brazos,
ella no daba importancia
y el corazón le hacía pedazos;
él los pedazos unía
sin sentir que era un fracaso.

La reina, dentro de su mundo,
se olvidaba del plebeyo.
Él era su fiel seguidor
y su amor era el más bello,
mas la reina no notaba
cuánto sufría el plebeyo.

Oh, mi reina, debes saber,
es importante en la vida
que te profesen amor
y te lo den sin medida,
pero más importante será
darle fuerza día con día.

Este plebeyo humilde
a sus pies estaba rendido,
sólo pedía que le brindara
su corazón confundido
para hacérselo latir
como jamás lo ha sentido...

¿Ese plebeyo quién es?
Ya lo habrás adivinado.
Y la reina de quien hablo,
la que quisiera a mi lado
y que viniera a remendar
mi corazón destrozado.

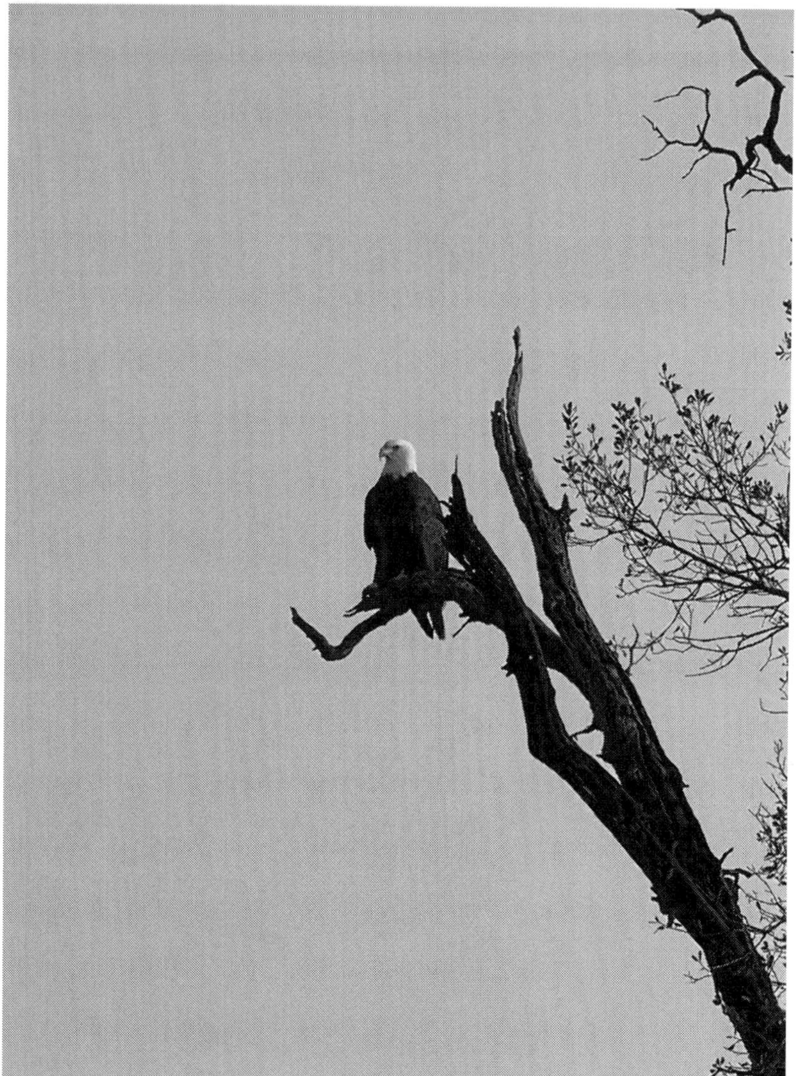

Reflexiona

Hola, ¿cómo estás? Sí, te hablo a ti que estás leyendo esto.

¡Espero que tu vida sea todo un éxito tal cual debe ser! Quizá te casaste con la persona equivocada o tuviste una mala relación y te sigues lamentando, pero ¿por qué? ¡La vida sigue adelante! A nadie le importa cómo te sientes, créemelo, a nadie; sólo sienten lástima por ti. ¿Eso quieres?, ¿lástima?

¿No crees que en vez de quejarte es mejor tomar decisiones para hacer cambios en tu vida?, ¿o temes al qué dirán? Te lo recalco de nuevo: a nadie le importan tus problemas. ¡Sólo se quieren enterar de tu vida para tener de quien hablar!

¡Lucha! ¡Actúa! ¡Vence! Usa estos medios para ayudar, no para empeorar. Sé parte de la solución, no del problema.

¡A nadie le gustan los sacrificios, pero, cuando hay sacrificios para obtener algo, le das más valor!

¡Todos hemos caído alguna vez, pero lo más bello de todo es poderte levantar y seguir más fuerte!

¡Que tengas un día exitoso!

Alcanzar el cielo

Un día, hablando con Dios,
yo me atreví a preguntar
cómo alcanzar el cielo
para a él un día llegar.

Tras tanto y tanto insistir,
a mí llegó la respuesta.
El cielo lo has de medir
de los pies a la cabeza.

Tienes todo entre tus manos,
sin límites, para crecer,
mas tú jamás lo valoras
hasta que lo sientes perder.

Dedicamos vida y tiempo
a nuestro prójimo criticar,
mas no damos ni un minuto
para nuestra vida arreglar.

Si miras que alguien triunfa,
tu envidia te ciega el alma
y buscas cómo dañarte
en vez de mantener la calma.

Ámate a ti y a tu vida.
Ama a Dios, que es tu fuerte
Ama a quien te rodea.
Crea tu destino y tu suerte.

Y si yo alcancé el cielo,
también tú lo puedes lograr,
pero no con quejarte siempre,
sino poniéndote a trabajar.

Busca qué es lo que te gusta
y toma el mejor camino.
Disfruta de lo que hagas
y cambiarás tu destino.

Mujer

Mujer, perfecta creación que nos ha dado Dios; a los hombres ojos nos diste dos para poder doblemente admirar

la belleza que nos vino a entregar, para, con delicadeza, poderla tratar y para siempre llegarla a amar.

Cometer errores

¡Cometer errores es de sabios! ¿Cuántas veces has cometido un error y sientes que fracasaste? Sin embargo, el cometer errores te ayuda a aprender. No puedes vivir quejándote de lo que te sucede, aprende a superarlo, ¡a mejorar! Es como aquel que se tropieza: si cae y se lastima, evita hacerlo de nuevo, mejora o busca otra opción y aprende la lección.

Recuerda: un perdedor no es el que fracasa en lo que se propone, sino el que se propone fracasar.

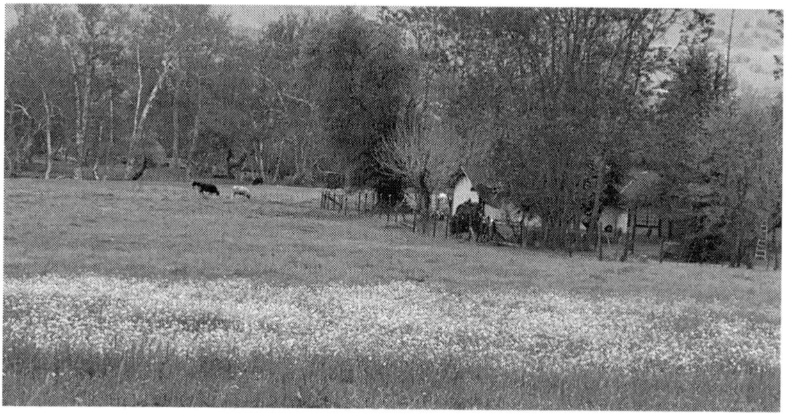

Made in the USA
Columbia, SC
25 July 2023